运动健康100分
YunDongJianKang100Fen

董国兴
编著

四十二式
太极拳

人民體育出版社

图书在版编目（CIP）数据

四十二式太极拳 / 董国兴编著. --北京：人民体育出版社，2021
（运动健康100分）
ISBN 978-7-5009-5816-1

Ⅰ.①四… Ⅱ.①董… Ⅲ.①太极拳–基本知识 Ⅳ.①G852.11

中国版本图书馆 CIP 数据核字（2020）第093021号

参编人员：高　翔　丁亚丽　高　飞
郭成敏　高　绅　李梦瑶

*
人民体育出版社出版发行
北京新华印刷有限公司印刷
新　华　书　店　经　销
*
880×1230　32开本　4.75印张　116千字
2021年6月第1版　2021年6月第1次印刷
印数：1—3,000册
*
ISBN 978-7-5009-5816-1
定价：33.00元

社址：北京市东城区体育馆路8号（天坛公园东门）
电话：67151482（发行部）　邮编：100061
传真：67151483　邮购：67118491
网址：www.sportspublish.cn

作者与太极拳世界冠军马建超同台领奖

指导太极拳世界冠军马建超

指导女子武术锦标赛冠军李玉珠

作者带队参加2018年中央电视台春节联欢晚会《双雄会》节目录制

甘泉在2018年中央电视台春节联欢晚会《双雄会》节目中表演太极拳

演示者甘泉获2016年全国武术套路冠军赛陈式太极拳第一名

参加2013年《直通春晚·太极梅花桩》节目

2010年出访巴西表演太极拳

演示者甘泉获2017年全国武术套路冠军赛太极拳金牌

四十二式太极拳简介

四十二式太极拳，算上起势与收势，共42式，有一定的难度、强度和运动量。原国家体委武术研究院于1989年为了适应国内外武术竞赛活动开展的需要，组织编创了这一太极拳竞赛套路。

四十二式太极拳，不局限于某一流派，兼采众长，所以又被称为“综合太极拳”。此拳以杨式太极拳动作为基调，选用了陈式太极拳的发劲动作（如掩手肱捶、野马分鬃）、吴式太极拳的细腻手法（如开合手、右单鞭）、孙式太极拳的开合手法及灵活步法（如斜飞式等），风格突出，结构新颖，内容充实，锻炼全面。

此拳既保持了太极拳的传统性，又有了新的发展。在动作编排上，它既包括简单的基础动作，又加入了一些复杂的难度动作，如掩手肱捶、分腿、蹬腿等；既有劲力沉稳扎实的动作，又有轻柔活泼、连贯性强的动作，而且很注重左右动作的均衡性，上下相应，动静结合，轻重衬托，布局完美。

作为竞赛套路，四十二式太极拳动作要求十分规范。运动中，手法、步法清晰、准确；身法表现动作，即身体带动四肢，非常明确；过渡动作，路线清楚，方向、高低固定；眼神与上肢的配合顺遂，手到、眼到、身到，动作完整合一。逢定势时，对手形、步形、姿势的高低、大小、角度、方位等，都有明确的规定。

正因为上述诸多优点，此拳受到教练员与运动员以及广大太极拳爱好者的一致好评，成了广传全球的中国太极拳标准套路。

目 录

一、起势

【练法】

1. 身体自然直立，两脚并拢，两手轻贴大腿外侧。目视前方。（图1–1）

2. 左脚向左轻轻开步，两脚间距与肩同宽，脚尖向前。（图1–2 ~ 图1–4）

图1–1

图1–2

图1-3

图1-4

3. 两手慢慢向前平举，与肩同高，手心向下，两臂间距与肩同宽。（图1-5、图1-6）

图1-5

图1-6

4. 两腿缓缓屈膝半蹲；两掌轻轻下按，落于腹前，掌与膝相对。（图1–7、图1–8）

图1–7

图1–8

【要点】

1. 预备时，立身中正，头顶项领，胸腹舒松，肩臂下垂；精神集中，呼吸自然，目光平视。

2. 开步时，重心不要起伏过大。

3. 举臂时，提腕；下按时，沉腕。

4. 屈坐时，弯腿落胯，屈膝敛臀，保持上身中正。屈坐高低因人而异。

5. 动作完成时，体重落于两脚后半部。

二、右揽雀尾

【练法】

1. 右脚尖稍外撇，身体微向右转，左脚收于右脚内侧；同时，右臂上抬屈于胸前，手心向下；左手翻转向右划弧至右腹前，手心向上，与右手相对，如抱球状。（图2–1、图2–2）

图2–1

图2–2

2. 上体微左转，左脚向左前上步，脚跟轻轻落地。（图2–3）

3. 上体继续左转，重心前移，成左弓步；同时，左臂向前掤出，左手高与肩平，手心向内，指尖向右；右手向下落于右

胯旁，手心向下，指尖向前。（图2-4）

4. 上体微左转，右脚收至左脚内侧；左臂内旋屈于左胸前，左手翻转向下，与胸同高，指尖向右；右臂向左划弧至左腹前，掌心向上，指尖向左，两掌相对如抱球状。（图2-5）

5. 上体微右转，右脚向右前轻轻迈出一步，脚跟着地。（图2-6）

图2-3

图2-4

图2-5

图2-6

6. 上体继续右转，重心前移，成右弓步；同时，右臂向前掤出，右臂微屈，掌心向内，高与肩平；左掌向左、向下落于左胯旁，掌心向下。（图2-7、图2-8）

图2-7

图2-8

7. 上体微右转；右掌翻转，掌心向下；左掌前伸，掌心翻转向上，伸至右肘内侧，两臂相距约30厘米。（图2-9、图2-10）

图2-9

图2-10

8. 重心后移，上体微左转；双掌向下后捋至腹前。（图2-11）

9. 右臂外旋屈肘横于胸前，右掌心向内，指尖向左；左臂内旋，左掌心转向外，掌指搭于右腕内侧。（图2-12）

图2-11

图2-12

10. 重心前移，成右弓步；两掌同时向前挤出，双臂撑圆。（图2–13）

11. 重心后移，上体微右转，右脚尖翘起；右臂外旋，右掌心翻转向上，自前向右、向后屈肘划平弧至右肩前；左掌仍搭右腕随之划弧。（图2–14）

图2–13

图2–14

12. 身体左转，右脚尖内扣落地；右掌平旋内收。（图2–15）

13. 上体微右转，左脚内收，成左丁步；右臂内旋，右掌翻转向右前方立掌按出，腕高平肩，掌心向外；左掌随之翻转向内，指尖附于右腕侧。目视右掌。（图2–16）

图2-15

图2-16

【要点】

1. 右抱球时，重心右移，上体右转，右脚尖外撇。左脚提收至右踝内侧。左抱球时，重心前移，上体微左转，左脚不动，右脚提收至左踝内侧。

2. 上步后重心前移时，后脚跟要随之蹬转成弓步。原地后坐前弓时，后脚不可随意扭动。

3. 掤、捋、挤、按与前弓后坐、重心移动应上下相随，协调一致；并与腰部旋转相配合，形成上肢、下肢、躯干完整协调的运动。各种手法要明确，转换时，要轻灵；运行时，要圆活；至终点时，要两臂相争，躯干伸拔，显示出沉实的内劲。

4. 由挤转按时，两臂由伸而屈，随腰的转动松活地平摆划弧，并相应作内外旋转。

5. 丁步按掌要舒展、沉实、稳定，方向为右前方30°～45°。

三、左单鞭

【练法】

1. 上体微左转，左脚向左前方上步，脚跟着地，脚尖向前；右掌变勾手；左掌向左划弧至面前。（图3-1、图3-2）

图3-1

图3-2

2. 上体继续左转，重心前移，成左弓步；左前臂内旋，左掌翻转向前推出，掌心向前，腕高平肩。目视左掌。（图3–3）

图3–3

【要点】

1. 上步时，身体微向左转，向左前方上步。

2. 推掌时，上体继续左转，与弓步同时完成。

3. 弓步方向，偏向左前约30° 。

4. 定势时，两臂沉肩坠肘，不可松软。

四、提手

【练法】

1. 重心后坐，上体右转，左脚尖内扣；左掌向右平摆划弧。（图4–1）

2. 重心左移，右勾手变掌，左掌稍向左平带。（图4–2）

图4–1

图4–2

3. 上体微右转，右脚提转回收至左脚内侧；右掌向后收捋，右手向左肩划弧。（图4–3）

4. 右脚斜45° 前蹬，脚跟落地，脚尖上翘，成右虚步；右掌成侧立掌举于体前，指尖齐眉；左臂屈收，左手也成侧立掌合于右肘内侧。目视右掌。（图4–4）

图4–3

图4–4

【要点】

1. 左臂向右平摆与向左屈引，要在转腰、坐腿的带动下完成。

2. 两手相合要与转腰、右脚提落一致。

3. 定势时，上体伸展，顶头、沉肩、落胯；两臂半屈成弧撑满，两肘内合，指尖上翘；斜向前方约45° 。

五、白鹤亮翅

【练法】

1. 上体左转，重心左移，右脚活步；左掌向下、向左、向上划弧，右掌下落向左划弧。（图5–1）

2. 右脚活步移动，脚尖内扣落地；两手翻转抱于左胸前。（图5–2）

图5–1

图5–2

3. 重心右移，上体右转，左脚稍收；两手边分边举，至右肩前。（图5–3）

4. 上体微左转，左脚稍提；左手由内向外搂膝。（图5–4）

5. 左脚尖落地，成左虚步；两手右上、左下划弧分开，右掌提至右额前，掌心向内；左掌按于左胯旁，掌心向下，两臂保持弧形。目视前方。（图5–5）

图5–3

图5–4

图5–5

【要点】

1. 两掌向下、向左划弧时，要边走边分，然后翻转交叉相抱。

2. 活步距离不可过大，与抱手同时完成。

3. 坐腿、分手，与转腰相合。

4. 腰回转向前，与分掌、虚步要同时完成。

5. 左脚成虚步时，应先以脚前掌为轴扭直，再内收点地。

6. 定势时，两掌上提、下按，圆满伸展。

六、搂膝拗步

【练法】

1. 上体微左转；右手随之向左划弧自头前下落。（图6-1）

2. 上体右转；右手下落至胯旁，左手上托。随之右手向下、向右划弧；左手向上、向右划弧。（图6-2、图6-3）

图6-1

图6-2

图6-3

3. 左脚收至右脚内侧；右手再向上划弧至右前方；左手再向下划弧至右肋旁。（图6-4）

4. 上体左转，左脚向前上步，脚跟轻轻落地；右臂屈肘，右手收至耳旁，掌心斜向前；左手向下划弧至腹前。（图6-5）

5. 重心前移，成左弓步；右手立掌向前推出，指尖高与鼻平；左手由左膝前搂过，按于左胯旁。（图6-6、图6-7）

图6-4

图6-5

图6-6

图6-7

6. 重心稍后移，左脚尖外撇，上体左转；右手随之向左划弧，左手上托。（图6–8）

7. 左手向左、向上划弧，举至身体左前方，高与头平；右手摆至左肋旁；右脚收至左脚内侧。（图6–9）

图6–8

图6–9

图6–9附图

8. 上体右转，右脚向前上步；左臂屈肘，左手收至耳旁，手心斜向前；右手向右、向下划弧至腹前。（图6–10）

9. 重心前移，成右弓步；左手成立掌向前推出，指尖高与鼻平；右手由右膝前搂过，按于右胯旁。（图6–11）

图6–10

图6–10附图

图6–11

【要点】

1. 转体挥臂幅度不宜过大，右臂不要超过中线。

2. 摆臂收脚时，上体右转应大于45° 。两臂交叉划圆挥摆，要舒展灵活。两手摆向右侧偏后约30° 。

3. 上步前应先转体，继向侧前方上步。

4. 推掌时，继续转体顺肩，至终点时沉肩、沉肘、沉腕、舒指、推掌、含胸，手臂要保持一定的张力内劲。

5. 搂掌贴近膝上方划弧，勿过高过远，最后按于大腿旁。

6. 本式弓步为拗弓步，前手前脚异侧，弓步宽度大约30厘米，以利重心稳定。

7. 转体撤脚时，重心稍向后移，移动幅度以有利脚尖扭转为准。转体、撤脚、后移重心，要协调一致。

七、撇身捶

【练法】

1. 重心稍后移，右脚尖外撇，上体右转；左手向左前伸展，手心向下；右前臂外旋，右手向右后方划弧分开。（图7–1）

2. 重心前移，右脚踏实，左脚收于右脚内侧；左手握拳，下落至小腹前，拳心向内，拳眼向右；右手向上、向体前划弧，附于左前臂内侧，手心向下。（图7–2、图7–3）

图7–1

图7–2

图7–3

3. 上体微左转，左脚向左前方上一步，脚跟着地；左拳上举至面前。（图7–4）

4. 重心前移，成左弓步；左拳翻转向前撇打，拳心斜向上，高与头平；右手仍附于左前臂内侧。目视左拳。（图7–5）

图7–4

图7–5

【要点】

1. 转体分手与重心后移、脚尖外撇，应协调一致。右手后分时，前臂外旋，掌心转向上。

2. 左掌变拳应边落边握，至腹前握拳完成，拳心向内。

3. 举拳时，不要抬肘、耸肩。

4. 弓步撇打方向为右前方45°，拳与头同高。

八、捋挤式

【练法】

1. 重心稍后移，左脚尖内扣，上体右转；左拳变掌；右掌向右划一平弧，随即收于左前臂内侧。（图8–1）

2. 重心移向左腿，上体继续右转；右掌经左前臂上穿出，由左向右前方划弧平抹，掌心斜向下；左掌内收落于右肘内侧下方，掌心斜向上。（图8–2）

图8–1

图8–2

3. 两掌自前同时向下、向后捋，左掌捋至左胯旁，右掌捋至腹前；右脚收至左脚内侧。（图8–3）

4. 右脚向右前45° 方向上步，脚跟着地；同时，左前臂内旋，右前臂外旋，两手翻转屈臂上举，收于胸前。（图8–4）

图8–3

图8–4

5. 重心前移，成右弓步；两臂同时向前挤出，两臂撑圆，左掌指贴于右腕内侧，掌心向外，指尖斜向上；右掌心向内，指尖向左，高与肩平。（图8–5）

6. 重心后移，右脚尖内扣，上体左转；右掌翻转向上，左掌向左划一小弧附于右前臂内侧。（图8–6）

7. 重心前移，上体继续左转；左掌由右前臂上穿出，向左前方划弧平抹，掌心斜向下；右掌内收落于左肘内侧下方，掌心斜向上。（图8–7）

图8–5

图8–6

图8–7

8. 两掌自前同时向下、向后捋，右掌捋至右胯旁，左掌捋至腹前；左脚收至右脚内侧方。（图8–8）

9. 左脚向左前45° 方向上步，脚跟着地；同时，右前臂内旋，左前臂外旋，两手翻转屈臂上举，收于胸前。（图8–9）

10. 重心前移，成左弓步；两臂同时向前挤出，两臂撑圆，右掌指贴于左腕内侧，掌心向外，指尖斜向上；左掌心向内，指尖向右，高与肩平。目视左掌。（图8–10）

图8–8

图8–9

图8–10

【要点】

1. 转体扣脚幅度不要超过45°。后移重心也不宜过大。后手随之稍向后收引划一小弧。

2. 抹掌时，后手自前臂上方穿出，随即弧形平摆至侧前方，同时弓腿转腰，协调一致。

3. 动作应连贯圆活，腰、腿、手相互配合，同时完成。

4. 捋手、收脚，应配合腰的旋转。

5. 搭手时，两臂要旋转，后臂要上举，前臂屈横于胸前，两肘撑开，掌心相对。上步注意与转腰相配合，边转腰边出脚，脚跟落地与转体搭手同时完成。

6. 弓步前挤方向，为斜前方45°。两臂要撑圆。

九、进步搬拦捶

【练法】

1. 重心后移，左脚尖外撇，上体左转；左掌向下划弧，掌心向上；右掌向右前方伸展，掌心斜向下。（图9-1）

2. 左脚踏实，右脚收于左脚内侧；重心前移，左掌向左划弧，再向上卷收至体前，掌心向下；右掌变拳向下划弧收至腹前，拳心向下。（图9-2、图9-3）

图9-1

图9-2

图9-3

图9-3附图

3. 右脚向前上步，脚跟着地，脚尖外撇；右拳随之经左臂内侧向前翻转搬出。定势时，拳心向上，高与胸平；左掌顺势按至左胯旁。（图9-4、图9-5）

图9-4

图9-4附图

图9–5

图9–5附图

4. 重心前移，上体右转，左脚收于右脚内侧；右前臂内旋，右拳向右划弧至体侧；左前臂外旋，左掌向左、向前划弧至体前。（图9–6）

5. 左脚向前上一步，脚跟落地；右拳收于右腰间，拳心向上；左掌翻转向下，拦于体前。（图9–7）

图9–6

图9–7

6. 重心前移，成左弓步；右拳向前打出，拳眼转向上，高与胸齐；左掌收于右前臂内侧。目视右拳。（图9-8、图9-9）

图9-8

图9-9

【要点】

1. 分手时，两掌立圆对称划弧，动作要舒展圆活。

2. 握拳时，右掌边落边握拳，拳心向下。搬拳高与胸齐。

3. 左脚上步时，脚尖外撇，脚跟轻着地，膝关节微屈。

4. 右拳屈收时，上体右转，前臂内旋，拳心转向下，经体右侧划弧，再外旋收至腰间，拳心转向上。

5. 拦掌时，左臂外旋，左掌经左向前划弧至体前内旋，掌心转向侧下方。

6. 打拳后，右肩略偏前，沉肩沉肘，顶头含胸，上体伸展。

7. 弓步宽度约为20厘米。

十、如封似闭

【练法】

1. 左掌从右前臂下穿出，掌心向上；右拳随之变掌，掌心也转向上。然后两掌平分，与肩同宽，掌心向下。（图10-1、图10-2）

图10-1

图10-2

2. 上体后坐，重心后移，左脚尖上翘；两掌收至胸前，与肩同宽，继翻转向下落至腹前。（图10-3、图10-4）

图10-3

图10-4

3. 重心前移，右脚收至左脚侧后方，与左脚相距约10厘米，成右丁步；两掌向前、向上推按，与肩同宽，掌心向前，腕高平肩。目视前方。（图10-5）

图10-5

【要点】

1. 穿掌后，两掌交叉，掌心转向上。

2. 向后引化时，两臂边屈边收边内旋，两手翻转分开，经胸前收至腹前。

3. 重心后移要充分，屈腿落胯，膝、髋关节松活；上体保持中正自然。

4. 按掌时，重心前移，随之收右脚。右前脚掌落于左脚侧后方，长、宽约20厘米，脚尖斜向前。

5. 定势时，上体、两臂皆要伸张舒展。

十一、开合手

【练法】

1. 以右脚掌和左脚跟为轴，依次右转。（图11–1）

2. 两脚踏实；两掌翻转，掌心相对，屈收至胸前，再向左右分开，与肩同宽，指尖向上。（图11–2）

图11–1

图11–2

3. 两掌相合，与头同宽，掌心相对；重心移向左腿，右脚跟提起。目视前方。（图11-3）

图11-3

【要点】

1. 转身时，右脚跟内转落实，然后左脚尖内转90°，上体右转，两脚平行成并步。

2. 开手时，两手先屈收胸前，立掌相对，与头同宽，然后左右分开。整个过程与转体同时完成。

3. 合手时，沉腕舒掌，掌心保持相对；胸部微缩。

十二、右单鞭

【练法】

1. 右脚向右横开，脚跟着地；两臂内旋，两掌虎口相对，掌心向外。（图12-1）

2. 重心右移，成横裆步（右侧弓步）；两掌向左右分开，平举于身体两侧，掌心转向外，掌尖向上。目视左掌。（图12-2）

图12-1

图12-2

【要点】

1. 向右转体约30° ，两臂微伸，掌心转向前。

2. 开步要轻灵，脚跟先着地。

3. 分掌时，两臂由屈而伸，掌心转向外。

4. 侧弓步时，上体勿扭转。

十三、肘底捶

【练法】

1. 重心左移，右脚尖内扣，上体稍左转；右前臂外旋，掌心转向上，右掌向内掩裹划弧至右肩前；左掌向左、向下划弧。（图13-1）

2. 重心右移，上体右转，左脚收至右脚内侧；右掌翻转屈收至右胸前，掌心向下；左前臂外旋，左掌心转向上，经腹前向右划弧，与右掌上下相对，如抱球状。（图13-2）

图13-1

图13-2

3. 上体左转，左脚向左前方摆脚上步，脚跟着地，脚尖外撇；左掌经右前臂下向上、向左划弧，掌心斜向上，高与肩平；右掌经左胸前划弧下落至右胯旁。（图13-3）

4. 上体继续左转，重心前移，右脚前跟半步；左臂内旋，掌心转向外，左掌向左、向下划弧至体左侧；右臂外旋，右掌向左、向前划弧至体前，掌心斜向上。（图13-4）

图13-3

图13-4

5. 重心移至右腿，右脚踏实；左脚向前进步，脚跟着地，脚尖上翘，成左虚步；左掌收经左腰际成侧立掌，再经右腕上向前劈出，指尖高与眉齐；右掌握拳，拳眼向上，收至左肘内侧下方。目视左掌。（图13-5）

图13–5

【要点】

1. 整个动作要连贯，腰部要旋转带动两掌。

2. 垫步时，应转体向前垫步。

3. 捋手时，右臂外旋前摆，再内旋握成立拳，拳眼向上。

4. 劈掌时，左掌外旋收至腰间，掌心向上，再内旋成侧立掌前劈；同时，腰部要轻轻右左旋转。

十四、转身推掌

【练法】

1. 左脚撤至右脚后，前脚掌着地；右拳变掌上举，腕高平肩，掌心向上；左掌翻转下落至右胸前，掌心向下。（图14–1）

2. 以右脚跟、左脚掌为轴，向左转身；同时，右掌卷收，左掌下落。（图14–2）

图14–1

图14–2

图14–2附图

3. 左脚向前偏左上步，脚跟落地；右掌屈收至右耳侧，掌心斜向前下；左掌向左划弧。（图14–3）

4. 重心前移，转腰顺肩，右脚收至左脚内侧后方，成右丁步；右掌顺势向前推出，掌心向前，指尖对鼻；左掌经左膝上搂过，按于左胯旁。（图14–4）

图14–3

图14–3附图

图14–4

图14–4附图

5. 以左脚跟、右脚掌为轴，向右后转身；左臂外旋向左前方上举，掌心向上，高与头平；右掌下落至左胸前，掌心向下。（图14–5）

6. 左掌卷收至左耳侧，掌心斜向前下；右掌下落至腹前；右脚向前偏右上步，脚跟落地。（图14–6、图14–7）

图14–5

图14–6

图14–7

7. 重心前移，转腰顺肩，左脚收至右脚内侧后方，成左丁步；左掌顺势向前推出，掌心向前，指尖对鼻；右掌经右膝上搂过，按于右胯旁。目视前方。（图14-8）

图14-8

【要点】

1. 转身上步方向，应为侧前方。行进路线，成“之”字形。

2. 碾转步时，前脚以脚跟为轴，后脚以前脚掌为轴，依次转动。重心在两脚间可适度移动，但不宜过大。

3. 收掌时，屈臂卷肱，不要屈腕卷掌。

4. 推掌方向向前，与上式臂掌方向成90°。下手搂膝停于胯旁，不要过高过远。

5. 转身、上步，要轻灵连贯。

6. 收脚跟步与推掌，要同时完成。跟步脚收至支撑脚侧后方约20厘米。

十五、玉女穿梭

【练法】

1. 上体右转，左脚向左撤半步；左臂外旋，左掌向右划弧至右胸前，掌心转向上；右掌经左前臂上方向前伸探至体前，掌心斜向下，腕与肩平。（图15-1、图15-2）

2. 上体左转，重心移至左脚；右脚收至左脚内侧，脚尖点地；两掌同时自前向下、向后捋，左掌捋至左胯旁，右掌捋至腹前。（图15-3）

图15-1

图15-2

图15-3

3. 右脚向右前方上步，脚跟着地；两掌合于胸前，右掌心向内，指尖向左；左掌心向外，左掌搭在右腕内侧。（图15-4）

4. 重心前移，上体右转，左脚随之跟至右脚内侧后方，前脚掌着地；右掌自左前向前划平弧，掌心转向上；左掌随之转动。（图15-5、图15-6）

图15-4

图15-5

图15-6

5. 重心后移，左脚落实，上体左转；右脚向右前方上一步，脚跟着地；右掌屈肘内旋向右、向后划平弧，而后翘腕至右肩前上方；左掌划弧收于左腰际。（图15–7、图15–8）

6. 重心前移，成右弓步，上体右转；右掌上架于右额前上方，掌心斜向上；左掌前按至体前，掌心向前，指尖对鼻。（图15–9）

图15–7

图15–8

图15–9

7. 重心后移，右脚尖内扣抬起，上体左转；右前臂外旋下落于体前，掌心向上，右腕高与肩平；左掌向右划弧收至右肘内侧，掌心向下。（图15-10）

8. 重心前移，右脚落实，上体继续左转；左掌从右前臂上穿出，并自右向左划弧抹掌；右掌收于左肘内侧下方，两掌心斜相对。（图15-11、图15-12）

图15-10

图15-11

图15-12

9. 上体右转，左脚收至右脚内侧；两掌自前同时向下、向后捋，右掌捋至右胯旁，左掌捋至腹前。（图15–13）

10. 左脚向左前方上步，脚跟着地；两前臂旋转，两掌合于胸前，左掌心向内，掌尖向右；右掌心向外，掌指附于左腕内侧。（图15–14）

11. 重心前移，上体左转，右脚随之跟进至左脚内侧后方，前脚掌着地；左掌自右向前划平弧，掌心转向上；右掌随之转动。（图15–15）

图15–13

图15–14

图15–15

12. 重心后移，上体右转，左脚再向左前方一步；左掌屈肘内旋向左、向后划平弧，而后翘腕至左肩前上方，掌心斜向上；右掌随之划弧收于右腰际。目视前方。（图15-16）

13. 重心前移，成左弓步，上体左转；左掌架于左额前上方，掌心斜向上；右掌前按至体前，掌心向前，指尖向上对鼻。（图15-17）

图15-16

图15-16附图

图15-17

【要点】

1. 本式动作要连贯圆活，行进方向为“之”字形。

2. 转体伸掌时，左脚向左开步，前脚掌内侧先着地。

3. 上步、搭手时，上步方向为斜前方，两手合于左（右）胸前。

4. 平云手自左肩前开始划平圆，收至右肩前。随转腰云摆，两臂要有伸屈，肩、肘、腕要松活。

5. 上步收掌时，两手分开，一掌屈收至腰间，另一掌屈臂内旋上举，与头同高，掌心转向前上方。腰要同时向前转动。

6. 弓步与推掌方向，皆为斜前45° 。拗弓步宽度约30厘米。

十六、右左蹬脚

【练法】

1. 重心后移，左脚尖内扣，上体右转；左臂外旋，左掌翻转落于体前，掌心向上，腕高平肩；右掌向左划弧，掌心向下。（图16–1）

2. 重心前移，右掌从左前臂上方穿出，向上、向右划弧展开；左掌向下、向左划弧至腰侧。（图16–2、图16–3）

图16–1

图16–2

图16–3

3. 右脚收至左脚内侧；右掌向下、向左、向上划弧；左掌向左、向上、向右划弧。（图16–4、图16–5）

4. 上体右转，右腿提膝，高度要高于水平；双臂划弧至胸前，两掌交叉合抱，右掌在外，掌心均向内。（图16–6）

5. 右脚向右前方慢慢蹬出，脚尖上勾；两掌分别向右前方和左方划弧分开，掌心向外，腕与肩平。（图16–7）

图16–4

图16–5

图16–6

图16–7

6. 右腿屈收，双手保持不动。（图16–8）

7. 右脚向右前方落下，脚跟着地；右前臂外旋，右掌心转向上；左掌下落，经腰间向前、向上划弧伸至右肘内侧，掌心向下。（图16–9）

8. 重心前移，右脚落实；左掌从右前臂上方穿出向上、向左划弧展开；右掌向下、向右划弧。（图16–10）

图16–8

图16–9

图16–10

9. 左脚收至右脚内侧；左掌向下、向右、向上划弧；右掌向右、向上、向左划弧。（图16-11）

10. 两掌划弧至胸前，交叉合抱，左掌在外，掌心均向内；左腿屈膝提起。（图16-12）

11. 左脚向左前方慢慢蹬出，脚尖上勾；两掌分别向左前方和右方划弧分开，掌心向外，腕与肩平。目视左掌。（图16-13）

图16-11

图16-12

图16-13

【要点】

1. 本式分掌有两种方式，一为两掌交错同向划立圆，另为两掌对称反向划立圆。两种分掌皆要舒展圆活，与转腰、旋臂相结合；举手高度不过头；前掌分掌方向与蹬脚方向大体相同，为斜前方30°～45°。

2. 抱掌时，两臂要圆满外撑。

3. 蹬脚时，上体保持端正，沉肩含胸，两臂舒展，掌心皆向外，指尖向上。

4. 右蹬脚后，上步方向与蹬脚方向相同，两脚保持适当（约20厘米）宽度。

5. 穿掌时，右掌翻转向上，左掌下落与前穿保持掌心向下。

十七、掩手肱捶

【练法】

1. 左小腿屈收下落；两臂外旋，两掌掩合于胸前，与头同宽，掌心向内。（图17-1、图17-2）

图17-1

图17-2

2. 左脚翘起脚尖，脚跟擦地，向左开步，上体稍右转；两臂内旋，两掌翻转下落，上下交叉相叠于小腹右侧，左掌压于右掌背上，掌心均向下。（图17-3）

3. 上体左转，重心左移；两掌向两侧分开，高与肩平，前臂内旋，掌心转向外。（图17-4）

图17-3

图17-3附图

图17-4

4. 重心右移，上体右转；两臂外旋，两肘内合，左掌摆至体前，高与肩平；右掌变拳，屈臂合于胸前，拳心向上。（图17–5）

5. 重心左移，上体左转，成左弓步；右拳旋转向前方冲打，拳心转向下；左掌后收，掌心贴于左腹部。（图17–6）

图17–5

图17–5附图

图17–6

图17–6附图

【要点】

1. 收脚合手时，左脚不落地。

2. 擦步时，左脚跟内侧贴地侧伸，由轻而重，上体右转，重心稍降，两手交叠下按。

3. 展体分手时，上体舒松转正，重心稍升，两臂放松向两侧平举。

4. 掩手蓄力时，重心右移成偏马步，上体右转，缩胸弓背，合肘翻掌，两臂外旋拧劲，蓄力待发。

5. 弓步冲拳时，突然加速向左转腰蹬腿，上体伸展，右拳抖弹向斜前方冲出。动作快速，周身完整，气力合一。

6. 冲拳后，右拳放松，肘部伸开，力在拳面，高与肩平；左掌收于腹部，指尖向右。两脚随转腰蹬腿同时突然碾转，左脚尖稍外撇，右脚跟稍后展。

十八、野马分鬃

【练法】

1. 上体左转；右拳变掌向下划弧至腹前；左掌以拇指为轴，四指向下转动。（图18-1）

图18-1

图18-1附图

2. 重心右移，上体右转；右臂内旋，右掌翻转向外，向上、向右划弧，屈臂置于右肩前，拇指向下，余四指尖向左；左臂外旋，左掌心转向内，掌背贴于右前臂内侧，随之划弧，两臂撑圆。（图18-2）

3. 重心左移，上体左转；右臂外旋，左臂内旋，两掌成横掌，横挒于腹前，腰腹弹性发力。（图18-3）

图18-2

图18-3

图18-3附图

4. 两掌向上、向左再向右划弧分开。（图18–4）

5. 重心后移，左脚屈膝提起；左手上托，与肩同高；右手外展，掌心向外，指尖向左前，腕高平肩。（图18–5）

6. 左脚向前上步，脚跟着地，随即重心前移，成左弓步；左掌向前穿靠，掌心向上，指尖向前，腕高平肩；右掌撑至身体右方，掌心向外，指尖斜向上，腕高平肩。（图18–6）

图18–4

图18–5

图18–6

7. 重心后移，双掌内收划圆，左脚尖翘起外撇。（图18–7）

8. 重心前移，上体左转，右脚屈膝提起；右手向下划弧经体侧前举上托，与肩同高；左手外展撑圆，掌心向外，指尖向右前，腕高平肩。（图18–8、图18–9）

9. 右脚前上一步，脚跟着地，随即重心前移，成右弓步；右掌向前穿靠，掌心向上，指尖向前，腕高平肩；左掌撑至身体左方，掌心向外，指尖斜向上，腕高平肩。（图18–10）

图18–7

图18–8

图18–9

图18–10

【要点】

1. 冲拳后，上体稍放松，右腕及腰相应向右转一小弧。然后上体左转，右拳变掌，拢指屈腕，虎口张开，前臂外旋，向下划弧；左手贴腹，向下屈腕转指；同时，腰肌左侧上提，右侧下降。腰、腹、臂皆处于扭转缠绕状态。

2. 撑臂绕手时，左臂外旋，掌背贴住右腕，小指向上拧劲；右臂翻转内旋，屈臂外撑，右掌横于右肩前，拇指根用力向下拧转，余四指并拢伸直；同时，右脚跟稍内转，向右拧腰，沉肩、含胸、吸气。

3. 挒掌时，上体左转，两掌同时换向拧转，向下划弧横于腹前，左前臂和右后臂屈收贴近上体，腰肌、腹肌向左扭转发力，随之重心稍下降，伴以短促呼气，周身动作一瞬间缠紧停顿。

4. 挒掌以后，腰、腹、臂放松，身体弹性缓解，上体折迭回旋，再继续向左转腰摆掌，这种由劲力紧松造成的弹性往复和动作断续称为“折迭”。

5. 提脚时，脚尖勿翘、勿拖，脚收于支撑腿前，支撑腿半屈。

6. 上步时，前臂稍向后收引。

7. 穿靠时，前臂外旋前伸，四指并排向前，拇指外张；后臂内旋，平举于身体侧后方，屈腕横掌外撑，掌心向外。

十九、云手

【练法】

1. 重心左移，右脚尖内扣，上体左转；右掌翘腕右旋，向左摆至右肩前；左掌微向左撑，掌心向左。（图19–1）

2. 重心右移，上体右转，左脚跟随之碾动；右掌翻转向外，横掌右摆至身体右侧，腕与肩平；左掌自左向下，经腹前向右划弧，掌心随之翻转向上。（图19–2）

图19–1

图19–2

3. 重心左移，上体左转；左掌心向内，自右向上、向左，经面前划弧云转，指尖齐眉；右掌向下经腹前向左划弧云转，掌心由外转向内。（图19-3）

4. 上体继续左转，右脚收于左脚内侧落地，两脚平行向前，相距10~20厘米；两掌云至身体左侧逐渐翻转，左掌心转向外；右掌云至左肘内侧，掌心转向内。（图19-4）

5. 重心右移，上体右转；右掌自左经面前向右划弧云转，指尖齐眉；左掌向下经腹前向右划弧云转。（图19-5）

图19-3

图19-4

图19-5

6. 上体继续右转，左脚向左侧开步，脚尖向前；两掌云至身体右侧，逐渐翻转，右掌心转向外；左掌云至右肘内侧，掌心转向内。（图19-6）

7. 重心左移，上体左转；左掌经面前向左划弧云转； 右掌向下经腹前划弧向左云转。（图19-7）

8. 上体继续左转，右脚收于左脚内侧落地，两脚平行向前，相距10~20厘米；两掌云至身体左侧逐渐翻转，左掌心转向外；右掌云至左肘内侧，掌心转向内。（图19-8）

图19-6

图19-7

图19-8

9. 重心右移，上体右转；右掌自左经面前向右划弧云转，指尖齐眉；左掌向下经腹前向右划弧云转。（图19-9）

10. 上体继续右转；左脚向左侧开步，脚尖向前；两掌云至身体右侧，逐渐翻转，右掌心转向外；左掌云至右肘内侧，掌心转向内。（图19-10）

11. 重心左移，上体左转；左掌经面前向左划弧云转； 右掌向下经腹前划弧向左云转。（图19-11）

图19-9

图19-10

图19-11

12. 上体继续左转，右脚收于左脚内侧落地，脚尖内扣约45° 落地，两脚平行向前，相距10~20厘米；两掌云至身体左侧逐渐翻转，左掌心转向外；右掌云至左肘内侧，掌心转向内。目视左掌。（图19–12）

图19–12

【要点】

1. 左摆掌时，屈腕松掌，以腰带臂，摆掌幅度约45° 。

2. 转体翻掌时，右掌沉腕划一小弧，前臂内旋，翻转向外，横掌右摆，至体侧时再沉腕转成立掌；同时，左脚跟稍内转，脚尖正向体前。

3. 云手时，以腰带臂，腰领手随。两臂保持半屈，两手交错立圆划弧，上手不高于头，下手不低于裆。眼光随上手转移。

4. 开步、并步时，脚移动要轻灵柔缓，前脚掌先落地，再随重心移动踏实全脚。重心要保持平稳，身体勿起伏、摇晃。并步后，两脚成小开步。

5. 翻掌勿突然。云手经过体前以后逐渐旋臂翻掌，与移脚同时完成。腰、手、脚要协调一致。

6. 最后一次并步收脚后，前脚掌内扣落地。

二十、独立打虎

【练法】

1. 重心右移，左脚向身后撤一步，右腿屈膝前弓；左掌心翻转向上，向下划弧，收于腹前；右掌心翻转向下，经左前臂上方穿出，向前伸探至体前，腕高平肩。（图20–1、图20–2）

图20–1

图20–2

2. 重心左移，上体左转，右脚尖内扣；左右分掌，左掌后展，右掌下捋。（图20-3、图20-4）

3. 两掌逐渐握拳，左拳经体侧屈臂上举至左额前上方，拳心向外，拳眼斜向下；右拳屈臂收于左胸前，拳心向内，拳眼朝上；左腿微屈；右腿屈膝提起，右脚收至裆前，脚尖上翘。目平视前方。（图20-5、图20-6）

图20-3

图20-4

图20-5

图20-6

【要点】

1. 左脚向右后方撤步成斜向弓步，方向约45° 。

2. 提脚独立时，重心后移，右脚尖上翘，右腿先上举后屈膝，右脚划一弧形盘收于裆前；同时，两手在向下划弧中分开。

3. 独立步采取吴式。大腿高提，膝关节外展，小腿内盘，脚尖上翘，大腿小腿折收角度约90° 。

4. 分手时，上体左转。架举时，向右回转。

5. 定势时，上体伸展，斜向前方，左拳架于左额前上方；右拳屈收于体侧，距左肋约一拳宽，两拳眼上下相对，两臂半屈撑满；头转看前方。

二十一、右分脚

【练法】

1. 上体微右转，右脚内收，脚尖下垂；两拳变掌叠抱胸前，右掌在外，掌心皆向内。（图21–1）

2. 右脚面展平，脚尖向右前方慢慢踢出，脚面绷直；两掌同时向右前方和左方划弧分开，掌心皆向外，指尖向上，腕高平肩，两臂撑举。目视右掌。（图21–2）

图21–1

图21–2

【要点】

1. 抱掌时，两臂环抱，两掌斜交叉，右掌在外，腕高与肩平。分掌时，前臂内旋，两掌翻转向外，弧形分展，弧顶高不过头；两臂微屈，分展角度约135°；肩、肘、腕皆下沉，胸内含。

2. 分脚方向为斜前方30°，右手与右脚方向相合。

3. 定势时，上体与两臂皆要舒展伸拔，重心稍上升，保持稳定。

二十二、双峰贯耳

【练法】

1. 右腿屈膝，小腿回收，脚尖下垂；两臂屈肘外旋，在胸前相合，两掌经面前划弧平行下落于右膝上方，掌心翻向上。（图22-1、图22-2）

图22-1

图22-2

2. 右脚向前落步，脚跟着地；两掌分落于腰侧，逐渐握拳，拳心向上。（图22-3）

3. 重心前移，成右弓步；两拳同时经两侧向前上方划弧贯打，高与耳齐，距同头宽，拳眼斜向下。目视前方。（图22-4）

图22-3

图22-4

【要点】

1. 收脚时，小腿屈收，大腿仍要稳住；两掌翻转相并，相距约10厘米。

2. 落脚时，支撑腿屈蹲，重心下降，右脚下落经左踝内侧上步，脚跟轻轻着地。

3. 贯拳方向与右分脚相同，斜向前方30°，两臂半屈成弧，两拳钳形相对。

二十三、左分脚

【练法】

1. 重心后移，右脚尖外撇，上体右转；两拳变掌，左右分开，掌心皆向外。（图23–1）

2. 重心前移，右脚落实，上体微左转；两掌从左右两侧向下、向内划弧，至腹前相交，举抱胸前，左掌在外，掌心皆向内；左腿屈膝提起。目视前方。（图23–2、图23–3）

3. 左脚尖向左前上方慢慢踢出，脚面展平；两掌向左前和右方划弧分开，掌心向外，腕与肩平。目视左掌。（图23–4）

图23–1

图23–2

图23-3

图23-4

【要点】

1. 转体、后移重心、右脚尖外撇要协调一致，并与分手相配合。

2. 分脚方向，为行进前方，与起势方向成90°。

3. 抱掌时，左掌在外，右掌在里。

二十四、转身拍脚

【练法】

1. 左腿屈收下落，身体以右脚掌为轴，顺势向右后转身，左脚尖随转体内扣落地；两掌从两侧向腹前划弧下落，前臂外旋。（图24-1、图24-2）

图24-1

图24-2

2. 重心左移，身体继续右后转（侧对上式左分脚方向），右脚随之转正，脚尖点地；两掌交叉，右掌在外，举抱胸前。（图24-3）

3. 右脚向上踢摆，脚面展平；两前臂内旋，掌心转向外，右掌向前击拍右脚面；左掌向后划弧分开，平举于身体左方，腕高平肩。目视右掌。（图24-4）

图24-3

图24-4

【要点】

1. 落脚与转身同时进行，两掌随之下落，交叉腹前，以利身体顺势转动。

2. 落脚时，脚尖内扣，前脚掌先落地，然后全脚踏实，重心移向左腿，右脚跟提起碾转。

3. 分掌、踢脚同时进行，右手迎拍右脚面。

二十五、进步栽捶

【练法】

1. 右腿屈收，随之右脚前落，脚尖外撇；左腿屈膝，上体右转，重心前移；两前臂外旋，左掌向上、向右划弧，掌心转向右；右掌翻转下落至腰间，掌心向上。（图25-1、图25-2）

图25-1

图25-2

2. 上体继续右转，右掌继续自下而上划弧至右后方，左掌经头前划弧至右肋。（图25-3）

3. 左脚向前上步，上体微左转；右掌向右、向上划弧，屈肘握拳收于右耳侧，拳心向下；左掌向下划弧落于腹前。（图25-4）

图25-3

图25-4

4. 上体左转，稍向前俯身，重心前移，成左弓步；右拳向前下方打出，高与腹平，拳面向前下，拳眼向左；左掌自左膝上方搂过，按于左胯旁。目视右拳。（图25-5）

图25-5

【要点】

1. 落脚时，先屈收小腿，提住大腿，然后支撑腿弯曲，右脚前落上步，脚跟着地，脚尖外撇。

2. 两臂交叉摆动，同搂膝拗步式。

3. 握拳时，边屈臂边握，收于头侧，拳眼向内，拳心向前。

4. 栽拳时，右肩略偏前，拳略高于膝，上体前倾不超过45°，保持舒展。弓步宽约20厘米。

二十六、斜飞式

【练法】

1. 重心后移，左脚尖外撇，上体左转；右拳变掌，向上、向右划弧；左掌向左划弧。（图26-1）

2. 左脚落地，右脚翘起；左掌向下划弧，掌心向下；右掌下按。（图26-2）

图26-1

图26-2

3. 右脚收于左脚内侧；左掌向上、向右划弧，屈臂胸前，掌心斜向下；右掌向下、向左划弧，屈臂腹前，掌心斜向上。两臂交叉相抱，左前臂在上，两掌心斜相对。（图26-3）

4. 上体微右转；右脚向右侧开步，脚跟着地。（图26-4）

图26-3

图26-4

图26-4附图

5. 重心右移，上体左转，成横裆步（右侧弓步），右肩向右倾靠；两掌分别向右前方和左前下方撑开，右掌略高于头，掌心斜向上；左掌与胯同高，掌心斜向下。目视左前方。（图26-5）

图26-5

【要点】

1. 分手时，右拳变掌向上、向右划弧，左掌向下、向左划弧。

2. 开步插手时，右脚向右侧偏后开步，脚跟先落地，上体随之稍向右转；右掌同时向左下伸插，两臂斜上、斜下交叉；两腿夹实。

3. 侧身分靠时，右臂先向体前挑举，随之上体侧倾，左掌斜向下撑。两臂分展角度约120°。

4. 斜身分靠时，上体侧倾，头与躯干保持顺直舒展，含胸拔背，沉肩顶头。

5. 本式采自吴式太极拳，要求上体斜中端正，以肩侧向靠撞。

二十七、单鞭下式

【练法】

1. 重心左移，上体左转，右脚跟稍外展；左掌变勾手，提至身体左侧，腕同肩高；右掌向左划弧，经头前摆至左肘内侧。（图27-1）

图27-1

图27-1附图

2. 上体右转，左腿全蹲，右腿伸直，成右仆步；右掌下落经腹前顺右腿内侧向右穿出。目随右掌。（图27-2）

图27-2

【要点】

1. 勾手摆掌时，左手上提变勾，右掌内旋右摆，上体左转，右脚跟稍向外蹬转。

2. 穿掌时，右掌下落外旋，掌心向外，指尖向右，由屈而伸至脚踝内侧；两臂伸展，勾手高与头齐，勾尖向下。

二十八、金鸡独立

【练法】

1. 右腿屈弓，左腿蹬直；右掌向上挑至体前，成侧立掌，腕高平肩；左臂内旋下落至身后，勾尖向上。（图28–1）

图28–1

2. 左腿屈膝提起，脚尖下垂，成右独立步；左勾手变掌，经体侧向前、向上挑起，成侧立掌，腕高平肩；右掌翻转下按于右胯旁。（图28-2、图28-3）

图28-2

图28-3

3. 右腿微屈，左脚落于右脚内侧后方；左手翻转下落，右手向下伸展。（图28-4）

图28-4

4. 右腿屈膝提起，脚尖下垂，成左独立步；左掌按于左胯旁；右掌成侧立掌，挑至体前，腕高平肩。目视右掌。（图28-5）

图28-5

图28-5附图

【要点】

1. 弓腿挑掌时，重心前移，右脚尖外展，左脚尖内扣。

2. 提脚时，转腰屈膝，收脚上提，左脚勿拖地、蹬地。

3. 独立挑掌时，上体舒展，转腰顺肩，侧向前方；臂半屈成弧，屈腕舒掌，沉肩垂肘，膝肘相对。

4. 落脚时，转腰屈腿，前脚掌先着地。动作轻柔完整。

二十九、退步穿掌

【练法】

1. 左腿稍屈，右脚后撤；左臂外旋，左掌翻转；右臂内旋，横掌下按。（图29–1）

2. 右腿撤步蹬直，成左弓步；左掌从右前臂上穿出，腕高平肩；右掌下按落于左肘下方。目视左掌。（图29–2）

图29–1

图29–2

【要点】

1. 支撑腿弯曲，上体右转，右脚经左脚内侧退步。前脚掌先着地，随之左脚以脚掌为轴扭直，成左弓步。

2. 左掌翻转向上穿出，高与头平；右掌翻转下按，高与胸平。

三十、虚步压掌

【练法】

1. 重心后移，左脚尖内扣，上体右后转；左手回收，右掌收至腹前。（图30–1）

2. 重心移至左腿；左掌举于左额侧上方，慢慢向下横按。（图30–2）

图30–1

图30–2

3. 右脚尖转向前方，成右虚步；左掌自上而下横按于右膝前上方，指尖向右；右掌按于右胯旁，指尖向前。目视前下方。（图30–3）

图30–3

图30–3附图

【要点】

1. 转体中左脚扣脚要充分，右脚跟内转后要稍向右活步，调整成右虚步。

2. 压掌时，转腰顺肩，屈腿落胯。上体前俯30°～45°。保持舒展。掌横压于正前方。

三十一、独立托掌

【练法】

左脚蹬地，左腿微屈站稳；右腿屈膝提起，脚尖下垂，成左独立步；右掌翻转上托，举于体前，掌心向上，腕高平胸；左掌向左、向上划弧，撑于体侧，腕高平肩，掌心向外，指尖斜向上。（图31）

图31

【要点】

1. 先转腰、蹬腿，重心上升，随之提脚，独立托掌。动作要发于腰腿，形于手脚，定于全身。

2. 定势时，前臂伸展，侧臂屈撑；上体中正，顶头沉肩，含胸拔背；松腰提腿，支撑稳固，脚趾扣地。

3. 左掌屈腕外撑，虎口向前，掌心向外；右掌托于体前。两掌与肩同高。

三十二、马步靠

【练法】

1. 右脚前落，脚尖外撇，重心前移，上体右转；右臂内旋，右掌翻转下捋；左臂外旋，左掌向上、向右划弧。（图32-1、图32-2）

图32-1

图32-2

2. 左脚收于右脚内侧，上体继续右转；右掌翻转向上，并向右划弧举于体侧，高与头平；左掌向右肩方向下按，搭在右肘内侧。（图32-3）

3. 上体左转，左脚向左前方上步，落地后成半马步；左臂内旋，向前靠出，左拳眼向内，拳面向下，置于左膝前；右掌屈收，经身侧推助左臂向前挤靠，掌心向左，掌指附于左后臂内侧。目视左前方。（图32-4）

图32-3

图32-4

图32-4附图

【要点】

1. 落脚时，屈腿上步前落，上体右转，脚尖外撇，脚跟先着地。

2. 摆臂时，两臂交叉划立圆，动作同搂膝拗步。左掌经右肩前时，开始握拳，拳心向下，拳眼向内。

3. 左脚上步方向为左前方45° 。左脚跟先着地，随之重心前移，全脚踏实，成半马步。

4. 前靠时，腰腿发力，快速完整，短促呼气。两腿屈蹲，裆部撑开，重心稍下降，后腿内转前蹬，前腿稍屈弓。上体微向左转，挤靠方向为侧前方，与左脚方向相同。左臂内旋微屈，左拳置于左膝上方或内侧，拳面向下，拳心向内。力总在左后臂外侧。

三十三、转身大捋

【练法】

1. 重心后移，左脚尖外撇抬起；左拳变掌，左臂外旋；右臂内旋，两掌心同时转向外，并稍向后收带。（图33–1）

2. 上体左转，重心前移，右脚收于左脚内侧，两脚平行向前，重心仍偏于左腿，并稍向上升高；左臂内旋屈肘，提至胸前横掌，掌心向外；右臂外旋，举于身体右侧，高与肩平，掌心向上。（图33–2 ~ 图33–4）

图33–1

图33–2

图33-3

图33-4

3. 以右前脚掌为轴，脚跟外展，身体左转；两掌随转身向左平捋至体前。左脚后撤一步，右腿屈弓；两掌继续向左平捋。（图33-5）

图33-5

4. 上体继续左转，右腿自然蹬开，成横裆步（左侧弓步）；左臂外旋，左掌变拳，向左划弧，收于腰间，拳心向上；右臂屈肘外旋滚压置于体前，右掌变拳，高与胸齐，拳心斜向上。目视右拳。（图33-6）

图33-6

图33-6附图

【要点】

1. 此式由杨式大捋推手演化而来。大捋推手主要由捋、靠、肘、挒、採等手法组成。本式表现了转身捋和滚肘两种手法。

2. 撇脚转掌在劲力上，也属于由紧而松、由实而虚的“折迭”。由前式发力靠挤以后，身体放松，随之弹性回转一小弧，再外撇左脚，上体左转，两臂同时放松回转后引，腕关节屈绕，左臂先外旋再内旋，右臂先后引再外旋，两掌翻转向上并步托举。

3. 并步后，重心升高，身体转向起势方向，重心偏于左腿，右掌心向上，左掌心向前。

4. 转体大捋时，以右脚掌为轴，脚跟外转；上体继续左转，右腿屈膝，左腿向起势方向的右后方撤一步，前脚掌内侧着地。

5. 滚肘重心左移，右腿蹬直，脚跟外转，成左侧弓步；同时，上体左转，左拳外旋收于腰间，拳心向上；右拳也外旋，右前臂滚转下压。

三十四、歇步擒打

【练法】

1. 上体右转，重心右移；右臂内旋屈肘上撑，右拳置于右额前，拳心向外；左臂内旋，左拳向身体左后方穿出，拳心向后。（图34-1）

2. 上体左转，左脚尖外展，重心前移；右拳经体侧下落，收至腰间；左拳变掌向前划弧，掌心翻转向右。（图34-2）

图34-1

图34-2

3. 右脚经左脚前向左前方盖步横落，两腿交叉屈蹲，成歇步；左掌握拳，收于腹前，拳心向下，虎口向内；右拳经左前臂上向前、向下打出，高与腹平，拳心向上。目视右拳。（图34-3、图34-4）

图34-3

图34-4

【要点】

1. 本式步形为歇步（交剪步），步法为盖步，手法为擒手和前下冲拳。

2. 第一动，上体右转不宜超过90°，两臂握拳内旋，右拳高勿过头，左拳低勿过髋。

3. 擒手时，左脚尖外撇，上体左转，左拳弧形摆向身体左前方，掌心翻转向右，握拳后拳心转向下。

4. 歇步打拳时，右脚向左前方盖步横落，脚跟先着地，两腿屈膝半蹲成歇步；右拳向前下方打出，拳心向上，高与腹平；左拳心向下，置于右前臂下，上体稍向前倾。

三十五、穿掌下式

【练法】

1. 上体右转，两拳变掌，右臂内旋，掌心翻转，提至胸前；左臂外旋，掌心翻转，举于身体左侧。（图35-1）

图35-1

2. 上体右转，右腿屈蹲，左腿向左侧伸出；两掌向上、向右划弧，经面前摆至身体右侧，右掌伸举于右前方，高与头平；左掌屈臂摆至右肩前，高与肩平。（图35-2）

图35-2

图35-2附图

3. 右腿全蹲，左腿伸开，上体左转，成左仆步；两掌绕转，经腹前顺左腿内侧向左穿出，左掌在前，掌心向右；右掌在后，掌心向左。（图35-3）

图35-3

【要点】

1. 收脚提掌时，重心恢复成弓步时高度。两掌翻转，侧掌上提，高不过肩，指尖向左。

2. 摆掌时，上体右转，两掌经体前右摆，高不过头。左脚向左开步侧伸时，前脚掌内侧先着地。

3. 穿掌时，屈腕转掌，左掌心转向右，右掌心转向左，两掌转成侧掌，指尖皆向左，沿左腿内侧穿出。

三十六、上步七星

【练法】

1. 重心前移，上体左转，右腿蹬直；左脚尖外撇，左腿屈弓；左掌向前、向上挑起，腕高平肩，掌心向右，指尖斜向上；右掌微向后拉，侧置于右胯旁。（图36–1）

图36–1

图36–1附图

2. 右脚上前一步，前脚掌着地，成右虚步；两掌变拳，左拳稍向内收，拳心向内；右拳向前、向上架起，拳心向外。两腕交叠，两拳交叉身前，高与肩平，右拳在外，两臂撑圆。（图36-2、图36-3）

图36-2

图36-3

【要点】

1. 弓腿挑掌时，重心前移，左腿屈弓，左脚尖外撇踏实；右腿蹬直，右脚尖内扣。

2. 架拳时，两拳交叉，高与肩平，右拳在外，左拳在内，两臂半屈撑圆，沉肩悬肘，含胸拔背。

三十七、退步跨虎

【练法】

1. 右脚向右后方撤一步，重心后移；两拳变掌，右手随身体右转稍向右划弧，掌心向右；右掌向右下划弧，落至右胯旁，掌心向下。（图37–1、图37–2）

图37–1

图37–2

图37–2附图

2. 左脚稍后收，前脚掌着地，落于右脚前；身体左转，重心下落；右掌经面前至左向下划弧，落于左腿外侧，掌心向上；左掌同时下按于左腿外侧。双掌相叠，右手在上。（图37-3、图37-4）

图37-3

图37-4

3. 左腿前举，膝关节微屈，脚面展平，脚尖稍内扣；右掌向前、向上挑起，成侧立掌，腕高平肩；左掌变勾手同时上提，举于左方，高与肩平，勾尖屈腕向下；上体左转。目视左前方。（图37-5、图37-6）

图37–5

图37–6

【要点】

1. 转体摆掌时，右转幅度约45°。摆掌时，右掌先下落划弧，两掌交叉摆动，左掌心向右，右掌心向下。

2. 撤步收脚时，后脚前脚掌点地，上体左转，重心略下降；同时，两掌继续交叉摆至左腿外侧，右掌心向外，左掌心向下。

3. 两掌摆动时，要由身体旋转带动。

4. 定势时，上体保持正直，左转约45°；右腿独立站稳，左腿向前上方摆举，膝关节微屈，高于腰部，脚面展平，脚掌内转，如里合腿。右臂与左腿前举方向，应与上步七星式方向基本相同。

三十八、转身摆莲

【练法】

1. 左脚前落，脚跟先着地，脚尖内扣，上体右转；右臂内旋，右掌翻转向下，屈肘向右平带；左勾手变掌，掌心转向上，向前平摆。（图38-1）

图38-1

图38-1附图

2. 以两前脚掌为轴，向右后大幅转体；右掌翻转向上，经胸前及左肘下向左穿出；左掌摆至体前，掌心向上。（图38-2）

3. 身体转正，右脚自然摆正，成右虚步；右掌穿出后翻转下落，与肩同高，掌心向前，掌尖向上；左掌翻转，放在右肘下，掌心向外。（图38-3）

4. 右脚提起，向左、向上、向右作扇形外摆，脚面展平；两掌自右向左平摆，在头前先左后右依次拍击右脚面。（图38-4）

图38-2

图38-3

图38-4

【要点】

1. 扣步时，上体左转，脚跟落至体前，脚尖内扣。转体时，两脚碾转，左脚以脚跟为轴，右脚以前脚掌为轴。

2. 穿摆掌时，右掌先内旋右带转一小弧，再外旋向左，由左肘下穿出划弧，经头前摆至身体右侧；左勾手外旋变掌，先经头前划弧摆至右肩前，然后旋落停至右肘内侧下方。两掌皆沉腕舒指，虎口撑圆，松肩落胯。

3. 摆腿拍脚时，上体微向前倾，左脚由身体左侧向上、向右扇形划弧摆动；腕关节先屈后展，两掌自右向左挥摆，击拍脚面。

4. 拍脚以后，右腿屈收，提于身体右侧。紧接下式。

三十九、弯弓射虎

【练法】

1. 右小腿屈收，脚尖下垂；上体左转，两掌继续左摆，左掌摆至身体左侧，右掌摆至左肩前下方，掌心均向下，高与肩平。目视左掌。（图39-1）

2. 右脚向右前方落步，上体右转；两掌同时下落划弧。（图39-2）

图39-1

图39-2

3. 重心前移，上体右转；两掌向下、向右划弧，至身体右侧时两掌握拳，拳心向下。（图39-3）

4. 右腿屈弓，左腿蹬直，成右弓步；上体左转，左拳经面前向左前方打出，高与肩平，拳心斜向前，拳眼斜向下；右拳同时屈肘向左前方打出，至右额前，拳心向外，拳眼斜向下。目视左拳。（图39-4）

图39-3

图39-4

【要点】

1. 落脚上步方向，为右前方45°。

2. 两掌随转体向下划弧，摆至身体右侧握拳，拳心向下，两肩放松。

3. 握拳后，两臂屈收。随即同时打出两拳，成反冲拳，两臂内旋。

4. 定势时，步形为右弓步，方向为斜前方约45°；上体半面左转，微向前俯，头转看出拳方向。

四十、左揽雀尾

【练法】

1. 重心后移，右脚尖外撇抬起，上体右转；两拳变掌，左掌向左伸展；右掌翻转向下划弧至腰间，掌心向上。（图40-1）

2. 重心前移，左脚收至右脚内侧；右掌自下向右，再翻转向上划弧，左掌由右向下划弧，两掌在胸、腹前上下合抱，掌心相对。（图40-2、图40-3）

图40-1

图40-2

图40-3

3. 上体微左转，左脚向前上步，脚跟着地；两掌微分。（图40–4）

4. 重心前移，左脚踏实，成左弓步；左前臂向前掤出，左掌心向内，高与肩平；右掌按落右胯旁，掌心向下。（图40–5）

5. 上体微左转；左掌翻转向下，稍向前伸；右掌翻转向上，经腹前向上、向前划弧，伸至左前臂内侧下方。（图40–6）

图40–4

图40–5

图40–6

6. 上体右转，重心后移；两掌下捋，经腹前再向左后上方划弧，右掌高与肩平，掌心斜向前；左掌屈臂摆至右胸前，掌心向内。（图40-7、图40-8）

7. 上体左转，右掌屈臂卷收，掌指贴近左腕内侧；左臂平屈胸前，掌心向内，指尖向右。（图40-9）

图40-7

图40-8

图40-9

8. 重心前移，成左弓步；双臂向前挤出，两臂撑圆，右掌指附于左腕内侧，高与肩平。（图40-10）

9. 右掌经左掌上伸出，两掌分开，与肩同宽，掌心均转向下。（图40-11）

10. 身体后坐，重心后移，左脚尖上翘；两臂屈肘，两掌收经胸前下落至腹前，掌心向前下。（图40-12、图40-13）

图40-10

图40-11

图40-12

图40-13

11. 重心前移，成左弓步；两掌平行向上、向前按出，腕高与肩平，掌心向前，指尖向上。目平视前方。（图40–14）

图40–14

【要点】

转体分手时，右脚尖外撇，上体右转与重心后移应同时进行。

四十一、十字手

【练法】

1. 重心右移，左脚尖内扣，上体右转；右掌随之右摆。（图41-1）

2. 身体继续右转，右脚外展；右掌经面前摆至身体右侧，两掌左右平举于身体两侧，掌心向前外，指尖斜向上，两肘略屈。（图41-2）

图41-1

图41-2

3. 重心左移，右脚尖内扣，两脚尖向前，上体左转；两掌向下、向内划弧，两腕相交腹前，合抱举至胸前，右掌在外，两掌心斜向内。（图41-3、图41-4）

4. 右脚内收，两脚与肩同宽，脚尖向前，成开立步。随即，上体转正，两腿屈膝；两掌交叉成斜“十”字形，抱于胸前，掌心向内，高与肩平。（图41-5）

图41-3

图41-4

图41-5

【要点】

1. 重心右移与两脚尖扣展、两手分开、上体右转，应一气呵成，不可停顿断劲。右脚尖外展是在右腿由虚变实的过程中进行的，应特别注意连贯平稳。

2. 两手分开侧举时，应松肩、沉肘、屈腕。

3. 抱掌时，两臂半屈撑圆。

四十二、收势

【练法】

1. 两前臂内旋，两掌边翻转，边平行分开，与肩同宽，掌心向前下。目视前方。（图42-1、图42-2）

图42-1

图42-2

2. 两掌自然下落体侧，两腿慢慢伸直。（图42-3、图42-4）

3. 左脚收至右脚旁，两脚并拢，脚尖向前，身体自然直立。（图42-5、图42-6）

图42-3

图42-4

图42-5

图42-6

【要点】

1. 两手分举时，两臂内旋，两掌翻转向下。

2. 垂臂时，两臂徐徐下落，不可松懈。

3. 收脚并步，全套收势；全身放松，调整呼吸。